John Henry Mackay und andere

Jenseits der Wasser

Übertragungen aus englischen und amerikanischen Dichtern des XIX. Jahrunderts

John Henry Mackay und andere

Jenseits der Wasser
Übertragungen aus englischen und amerikanischen Dichtern des XIX. Jahrunderts

ISBN/EAN: 9783743668577

Hergestellt in Europa, USA, Kanada, Australien, Japan

Cover: Foto ©Thomas Meinert / pixelio.de

Weitere Bücher finden Sie auf **www.hansebooks.com**

Jenseits der Wasser.

Uebertragungen

aus

englischen und amerikanischen Dichtern
des XIX. Jahrhunderts

von

John Henry Mackay.

Zürich 1889.
Verlags-Magazin.
(J. Schabelitz.)

Druck von J. Schabelitz in Zürich.

auch dieses Buch.

Vorwort.

Ich bin bei der Auswahl dieser Uebersetzungen, deren Anfertigung mir oftmals eine angenehme Erholung zwischen meinen eigenen Arbeiten war, oftmals aber auch als eine wenig dankbare Ueberwindung ernster Schwierigkeiten erschien, von keinem andern Gedanken geleitet gewesen, als dem Einen: nur solche Stücke zu wählen, welche meines Wissens bis jetzt von andern Uebersetzern noch unbeachtet gelassen wurden.

So darf ich mich denn nicht wundern, wenn ich bei ihrer Zusammenstellung sehe, daß es ein recht „buntes" Buch geworden ist, welches ich der Oeffentlichkeit übergeben will.

Wenn ich meine Absicht trotzdem nicht aufgebe, so geschieht dies, weil mich ein weiterer Blick in das Inhaltsverzeichniß belehrt, daß in ihm einige der größten dichterischen Genies unseres Jahrhunderts vertreten sind.

1887—1888.

John Henry Mackay.

Inhalt.

	Seite
Lord Byron. 1788—1824.	
Eröffnungsverse zu „Lara"	3
Lydia Huntly Sigourney. 1791—1865.	
Tod eines Kindes	7
Felicia Hemans. 1793—1835.	
Abend zwischen den Alpen	11
Die Stimme des Frühlings	12
Henry Wadsworth Longfellow. 1807—1877.	
Nachmittag im Februar	21
Lied	23
Suspiria	24
Mad River	25
Elisabeth Barrett Browning. 1809—1861.	
Jener Tag	31
Der Schrei der Kinder	32
Charles Kingsley. 1819—1875.	
Ballade	41
Matthew Arnold. 1822—1888.	
Die Triumphe der Welt	45
Selbst-Vertrauen	46

Algernon Charles Swinburne. Geb. 1837.
    Genesis 51
    Non dolet! 55
    Kinder 56
    An der Nordsee 57
    Eine Ballade vom Traumland 63

Joaquin Miller. Geb. 1841.
    Arizonian 67

Henry Kendall. (?)
    Von „Coogee" 85

Byron.
1788—1824.

Die „Eröffnungsverse zu Lara" wurden mitgetheilt als „bisher unveröffentlicht" im ersten Hefte von „Murrays Magazine", I. Jahrgang: 1887. Sie sind unverkennbar echt.

Eröffnungsverse zu „Lara".

Wenn die Geliebte ging, die Beste, die allein
Erfreut mit ihres Lächelns zartem Schein;
Sie, deren Name — allzu heiß geliebt,
Um ihn zu nennen — auf der Lipp' zerstiebt,
Im Herzen aber bebt; der schnell genannt
Den wilden Puls durchzuckt und bannt,
Bis bei dem Wort das Herz schlägt so verstört,
Wir fürchten, Jeder habe es gehört,
Dann sinkt die kranke Kälte nieder, weicht,
Die uns, wenn wir allein uns sehn, beschleicht;
Wenn so viel ging — zum Segnen allzu weit,
O Gott, wie langsam kommt Vergessenheit!

Laß Keinen klagen, wie so ungetreu
Der Stirn Erinnern, Schmerz des Herzens sei;
Doch eh' sei dem, der zu vergessen glaubt,
Vom Mitleid der Erinnerung Reu' geraubt.
Wir wollen selbstisch nicht vergessen sein;
Die Lippe spricht: „Mein Lieb vergessen? — Nein!"

O Liebste, deren Name nun zerstiebt,
Weil dich mein Herz zu tief, zu innig liebt!
Ach, mein Erinnern würde hoffend schaun,
Und nicht mehr murren, dürft' es dir vertrau'n.
Indessen sei in Schmerz der Sang gewebt,
Das Herz zu trösten, welches dir nur lebt.

Lydia Huntly Sigourney.
1791—1865.

Eine der bekanntesten Dichterinnen der Neuen Welt. Der „Tod eines Kindes" scheint mir ein Meisterstück gedrungener, vielsagender Kürze zu sein.

Tod eines Kindes.

Tod fand auf glatter Braun seltsame Schönheit,
Und strich sie aus. Es lag der Rosen Farbe
Auf Wang' und Lippe. Eisig rührte er sie,
Die Rose starb. Aus jenen blauen Augen
Sprach eine zarte Sehnsucht, und ein Zweifel,
Zu trauern oder schlafen, welche Unschuld
Allein besitzt. Mit unbarmherziger Hast
Schloß er die seidenen Wimpern jener Lider
Für immer. Ein erstickter Laut erscholl,
Mit dem das Kind die Mutter rufen wollte,
Daß sie aufweinte. Der Verderber nahm
Des Schweigens Siegel. Doch da glitt ein Lächeln,
So fest, so heilig, von des Cherubs Braun,
Daß staunend ihn der Tod verließ. Er wagte
Den Siegelring des Himmels nicht zu stehlen.

Felicia Hemans.
1793—1835.

Englands populärste Dichterin; in Deutschland durch Freiligraths Meisterübersetzungen bekannt. Keine große Denkerin — Felicia Hemans hat sich nie von religiösen Vorstellungen zu befreien vermocht und es auch wohl kaum ernstlich versucht — aber eine echte Dichterin, welche unsterblich sein wird, so lange die Poesie noch nicht g a n z von der Erde verbannt ist.

Abend zwischen den Alpen.

Italiens weiche Luft! wie reich geschmückt
 In beiner Purpurgluth die Wildniß glimmt!
Welch' Farbenspiel, vom West zurückgeschickt,
 Ueber des ewigen Schneees Heimath schwimmt!
Dort jener Gießbach, dessen weißer Schaum
 Granitene Stufen sprühend niederspringt;
Dazwischen Thäler, tief in schattigem Traum,
 Von wo des Hirten stilles Lied erklingt.

Jetzt weicht von jenem Gipfel dort das Licht,
 Das eben noch die luftigen Höhn erfüllt;
Auf Fels und Gießbach dunkler Schatten bricht,
 Und alles ist in Zwielicht nun gehüllt:
Indeß' den Wald der Abendstern durchglüht,
 Ueber die Einsamkeit der Nachtwind zieht.

Die Stimme des Frühlings.

Ich komme, ich komme! Ihr riefet mich lang —
Ich komme über die Berge mit Licht und Gesang:
Folgt meinen Spuren in der erwachten Luft,
Mit den Winden, die Euch erzählen von Veilchenduft,
Mit den Primel-Sternen im schattigen Gras,
Mit den Blüthen, welche sproßten, wo ich weilend saß.

Ich ruhte im Süd; der Kastanienflor,
In tausend Blüthen brach er hervor,
Und die alten Gräber im italischen Land,
Sie hüllten sich ein in ein neues Gewand; —
Doch was rede ich jetzt, wo das Leben mir loht,
Von zerfallenen Ruinen, von Gräbern und Tod!

Ich saß auf den Höhen im stürmischen Nord,
Ihre Trobbeln streckt schnell die Lärche fort.
Der Fischer fährt auf die sonnige Fluth,
Und das Rennthier springt auf mit freierem Muth,
Um die Tanne webt sich ein grünes Band,
Und das Moos blickt auf, wo ich segnend stand.

Durch die Wälder mit glühendem Strahle ich fuhr,
Rief heraus jede Stimme im tiefen Azur;
Von des Nachtvogels Sang durch die sternhelle Nacht
In den Hainen Hesperiens zu des Eislands Pracht,
Wo der Wildschwan singt an den düsteren Seen,
Wenn im ersten Grün die Tannen stehn.

Ich löste dem Strom und der Quelle das Band.
Nun fliegen dahin sie zum silbernen Strand,
Sie rauschen herab von der Berge Hang,
Sie werfen die Fluth durch des Waldes Gerank,
Sie entreißen sich frisch ihrem kärglichen Haus,
Und die Erde hallt wieder von der Wasser Gebraus!

Kommt fort, o Ihr Kinder der Freude! — Kommt fort!
Wo die Veilchen blühen, ist jetzt Euer Ort.
Mit den rosigen Lippen, dem springenden Fuß,
Dem thauhellen Auge — nur kurz ist mein Gruß!
Mit der Lyra, dem Kranz Ihr, dem frohen Gesang,
Kommt fort zu dem Sonnenschein — ich bleibe nicht lang!

Kommt fort von den Häusern der trüben Qual,
Die Wasser sprühen in Hain und Thal!
Kommt fort von den Zimmern, der finsteren Brust,
Die Knospen schwanken in luftiger Luft!
Die Schauer der Wildniß erklingen nun weich,
Und überall ist Jugend in meinem grünen Reich!

Doch Ihr habt Euch geändert seit dem letzten Jahr!
Euer Antlitz ist nicht mehr so hell, wie es war!
Es spricht von dem Land, wo die Blume verblüht,
Der Hauch, der die Stirn Euch, das Auge umzieht!
Ihr lächelt! — Doch lächelt Ihr trübe und müd':
Was habt Ihr gesehen, seit ich von Euch schied?

Ihr habt Euch geändert! — Im vergangenen Jahr,
Da sah ich noch Andere in Eurer Schaar!
Liebliche Gesichter, in welche beim Spiel
Die Fülle der goldenen Locken fiel;
Mit Augen, aus denen das Lachen brach,
In denen kein Ahnen an Sterben lag!

Mit Schritten, die achtlos die Blumen zerdrückt,
Als sei zum Bankette die Erde geschmückt;
Mit Stimmen, durchhallend den Himmel weit,
Berührt nicht vom Hauche der Sterblichkeit!
Sie gingen? Ist ihre Freude verloht?
Seit wir uns verließen, kam zu Euch der Tod!

Nun weiß ich, warum Euch der Schatten bedräut —
Auf die sonnige Stirne habt Staub Ihr gestreut!
Ihr gabt sie, die Lieben, der Erde zum Kuß —
Sie nahm Euch die Schönsten zu eignem Genuß,
Zum Wettkampf der Schönheit in all' ihrer Zier:
So saht von Euch scheiden die Schweigenden ihr!

Euch ließen die Jungen und Schönen allein,
Euch ist nun verloren Ihr glänzender Schein!
Doch ich weiß ein Land, da sterben sie nicht —
Da werd' ich sie finden, die Augen voll Licht!
Der Tod — er weilt zwischen Blumen dort wohl,
Ich zaub're nicht länger — lebt wohl, lebt wohl!

Vom Winde geboren der Sommer naht —
Ihr preßt dann die Trauben, ihr bindet die Saat!
Doch zu hellerem Ufer steht mein Begehr —
Gebt Acht, Ihr seid nun die Meinen nicht mehr;
Wo sie sind, die Euch starben, dort bald auch ich bin —
Lebt wohl! Wo kein Tod ist, dort gehe ich hin!

Die nachstehende Stelle aus dem „Memoir" über Felicia Hemans giebt interessante Aufschlüsse über die „Stimme des Frühlings". Ich setze deshalb die Uebersetzung hierher.

„Die Stimme des Frühlings", vielleicht das bekannteste und beliebteste unter allen Gedichten Mrs. Hemans', ist früh, im Jahre 1823, geschrieben; und ist das Folgende von ihr in einem Briefe an einen Freund, welcher kurz vorher von einem harten und plötzlichen Verlust betroffen war, darüber gesagt worden:

„„Die Stimme des Frühlings" drückt einige eigenthümliche Gefühle meines eigenen Herzens aus. Obgleich mein Leben in allen seinen Lagen von einem so tiefgehenden Leiden bisher verschont geblieben ist, wie jenes, welches Ihnen zu tragen auferlegt wurde, so fühle ich doch jedes Jahr mit der Wiederkehr der Veilchen, wie viel tiefer die Schatten meines Gemüthes seit ihrem letzten Erscheinen gefallen sind; und für mich ist der Frühling, mit all seiner Lust und Schönheit, gewöhnlich mehr eine Zeit des Nachdenkens als des Frohsinns. Ich finde, das schönste Gedicht, welches ich über diesen Gegenstand in diesem Sommer kennen gelernt habe, ist in den Werken Tieck's, eines deutschen Dichters, enthalten, mit welchem Sie sich vielleicht bekannt machen, aber die Gefühle, welche er ausdrückt, sind sehr verschieden von denen, welche ich Ihnen beschrieben habe, da sie alle von einem überfließenden Gefühl von Leben und Lust herzurühren scheinen.

Dies unbestimmbare Gefühl der Sehnsucht und Niedergeschlagenheit, hervorgerufen durch den Eindruck des Frühlings, wird von Vielen als das Zeichen eines edlen Herzens angesehen werden. Niemals strömen die „thörichten, fremden Gefühle aus des Herzens tiefster Zelle so über die Züge", mit solcher unwiderstehlichen Macht, als dann, wenn die ganze Natur Leben und Fröhlichkeit athmet. In all' dem Licht und der Heiterkeit um uns werden wir heimgesucht von Bildern des Todes und des Grabes. Die Stärke des Contrastes, nicht weniger mächtig als die der Aehnlichkeit, erinnert uns unaufhörlich an den breiten Strom, welcher uns von Jenen trennt, welche „niedergegangen sind in Schweigen". Eine unvergessene Stimme lispelt immer: „Und auch ich in Arcadien!"

Wir denken daran, wie wir uns über die weiche Luft und den herrlichen Sonnenschein zu freuen pflegten! Und dies alles kann uns nicht mehr erquicken — „weil sie nicht mehr sind!" Der traurige Abschied des Herbstes dagegen, — mit seinen fallenden Blättern und den Bildern der Zerstörung —, er bringt uns das Gefühl unserer eigenen Sterblichkeit näher, stellt uns Denen näher, die vor uns gegangen sind, und der Schleier der Trennung wird durchsichtiger, wie er war. Wir fühlen mit stärkerer Ueberzeugung: „daß wir zu ihnen gehen werden", während im Frühling alles traurig ein Echo der Worte zu sein scheint: „sie werden nicht zu uns zurückkehren!"'

Diesen eigenthümlichen Verbindungen kann man in vielen von Mrs. Hemans' Gedichten begegnen, tiefer werdend mit dem Einfluß der Jahre und der Leiden, und ganz besonders entwickelt in dem Gedicht: „Hauche des Frühlings". Und wenn man sich erinnert, daß in diesem Sommer ihre eigene Erdenlaufbahn beendet wurde, so kann man die folgende Stelle in einem im Monat Mai geschriebenen Briefe, einige Jahre nach dem eben Angeführten, nicht ohne Bewegung lesen: „Der arme A. H. wird morgen begraben. In dem hellen Sonnenschein rings herum scheint es schwerer zu werden, daran zu denken; wenn ich wählen dürfte, wann ich zu sterben wünschte, so sollte es im Frühling sein — so schwer liegt der Eindruck dieses Sommers auf meinem Herzen und meiner Stimmung." („Memoir," Seite 66—68.)

Henry Wadsworth Longfellow.
1807—1877.

Was ich im Vorwort über die in diesem Bande mitgetheilten Uebersetzungen sagte, möchte ich nicht auch in Bezug auf die vier folgenden aufrecht erhalten: bei der großen Beliebtheit Longfellow's in Deutschland, welche zahlreiche vortreffliche Uebertragungen geschaffen hat, mögen leichtlich auch die folgenden Gedichte bereits ihre Uebersetzer gefunden haben. Mir ist nur vom „Nachmittag im Februar" eine solche zu Gesicht gekommen, und dies erst, als ich die meinige bereits vollendet hatte.

Nachmittag im Februar.

Der Tag ist zerronnen,
Die Nacht hat begonnen;
Die Marsch ist erfroren,
  Der Fluß wie todt.

Der Wolken Dunkeln,
Der Sonne Funkeln.
Des Dorfes Fenster
  Erschimmern roth.

Der Schnee fällt wieder;
Das Licht sinkt nieder,
Den Weg zu hellen
  Nicht stark genug;

Und über die Matten,
Wie bange Schatten,
Wallt still und langsam
  Ein Leichenzug.

Die Glocke schallet,
Und in mir hallet
Mein Fühlen die Antwort
Dem trüben Klang:

Rings Schatten ragen,
Mein Herz muß klagen,
Und in mir tönen
Wie Leichengesang.

Lied.
(Aus dem Portugiesischen.)

Wenn du noch schläfst, mein Mädchen,
 Erwache und öffne dein Thor:
Der Tag bricht an und wir müssen fort,
 Ueber Wiese und Berg und Moor.

Nicht erst deine Schuhe suche,
 Komm' nur mit nacktem Fuß:
Wir müssen durch thauige Gräser gehn,
 Und eilig über den Fluß.

Suspiria.

Nimm sie, o Tod! und trag' davon,
 Was immer du darfst nennen dein!
Dein Bild, geprägt auf diesen Thon,
 Wir geben dir's, doch das allein!

Nimm sie, o Grab! laß liegen sie,
 Geschlossen in dein enges Joch,
Wie bei dem Geist die Hülle, die
 Uns nur allein scheint kostbar noch!

Nimm sie, o große Ewigkeit!
 In deine Aeste greift mit Macht
Ein Windhauch, unser Sein, und streut
 In Staub hin ihre Blüthenpracht!

Mad River
in den weißen Bergen.

Reisender.

Was rausch'st und braus'st du denn so wild,
Mad River, Fluß, du schlimmer?
Bist du denn nie zu ruhn gewillt?
Willst stürmen, jäh und ungestillt,
Ueber den Fels du immer?

Was ist's, das deine Brust durchfrißt?
Wozu dies Brausen und Fliehen?
Weißt du nicht, daß das Beste ist
In dieser Welt der Ruhe Frist
Nach zu viel Arbeits=Mühen?

Der Fluß.

Was suchst du in den Bergen hier,
O Fremder aus den Städten?
Ein Einfall ist's vielleicht von dir
Die Worte, die entschlüpfen mir,
Im Liede festzuketten?

Reisender.

Ja. Ich will lernen deinen Sang
  Mit all' seinen fluthenden Nummern,
Um ihn, wie du, so frisch und frank,
Zu singen alle Tage lang,
Zu hören ihn im Schlummern.

Der Fluß.

Ein kleiner namenloser Bach,
  Entsprang ich meiner Quelle:
Ein kleines Kind noch, welches schwach,
Und zitternd nur — und nach und nach
  Sich kaum wagt von der Stelle.

Doch später strebt' ich in die Welt,
  Verließ die dunklen Bäume;
Floh fröhlich in das off'ne Feld,
Getrieben wie ein flüchtiger Held
  Hinaus in weite Räume.

Und jauchzend ich die Arme schwang,
  Ließ meine Stimme schallen;

Frohlockend sie durch Wolken drang,
Vermischte sich mit Donner=Klang,
Und mit des Regens Fallen.

Des Oceanes ferner Strand
  Rief mich zu seinen Füßen;
Er zog mich über steilen Rand.
Der Wasserfall im wilden Land
  Gab Antwort seinem Grüßen.

Doch jetzt die Arbeit auch beginnt
  Und Mühe folgt, gar viele;
Zur Mühle nun mein Wasser rinnt:
Die Stämme, einst umsaust vom Wind,
  Muß tragen ich zum Ziele.

Doch Eines Zauber ihr verleiht:
  Ich darf das Vieh erquicken,
Das durstig nach dem Wasser schreit,
— Und mich erfreut der Blumen Kleid,
  Der lieben Vögel Nicken.

Der Mensch schilt meinen Uebermuth,
  Und wohl mit allem Rechte,
Wenn voller Unruh' und voll Wuth
Den Damm durchbricht die wilde Fluth,
  Bezwingend seine Mächte.

Nun geh' und schreibe dein Gedicht,
Das ich dir doch gegeben.
Du siehst: es sinkt des Tages Licht,
Die Mühlen warten länger nicht
Und ich muß weiter streben.

Elisabeth Barrett Browning.
1809—1861.

Wenn ich Felicia Hemans die populärste Dichterin Englands genannt habe, so nenne ich Elisabeth Barrett Browning die größte dieses Jahrhunderts in der Geschichte seiner Dichtung. Gelehrtin (Uebersetzung des Aeschylos), Philosophin (A drama of exil 2c.) und Dichterin (wie das nachfolgende Gedicht „Jener Tag" als eines aus vielen herausgegriffen beweisen möge) ist sie überall von gleicher Tiefe. Daß meine Uebersetzung des berühmten „Cry of the Children" keine besonders gute ist, brauchen mir meine Kritiker nicht zu sagen. Ich warte auf eine bessere, um alsdann die meine bereitwilligst zurückziehen zu können. Bis dahin möge auch sie hier ihren Platz zu behaupten suchen.

Jener Tag.

Ich steh' bei dem Fluß, wo Beide wir standen,
Und da ist nur Ein Schatten, zu dunkeln das Branden;
Und die Spur zu ihm führend, wo gewohnt wir zu schweifen,
Hat den Schritt nur von Einem, die Gräser zu streifen, —
   Einem, verlassen seit jenem Tag.

Es bieten viel Blumen am Rand sich den Blicken;
Keiner bückt auf mein Bitten sich, sie mir zu pflücken.
In der Erle der Vogel singt laut und lang, —
Mein verhaltenes Weinen stört nicht seinen Sang,
   Wie dein Schwur that, jenen Tag.

Ich steh' bei dem Fluß, mein Sinn hat nicht Ruh';
O still, wie der Ort ist, sei Schwurbrecher, du!
Laß' ich blühen die Blumen, ist der Vogel gelitten,
Soll ich mehr noch als s i e den Geliebten, d i c h bitten —
   Mein Geliebter jenen Tag?

Geh', sei sicher meiner Liebe, dein Verrat ist vergeben;
Meiner Bitten, die segnend hinauf für dich streben;
Meines Schmerzes, der — (miß an der Scheide das Schwert) —
Bei dem Schweigen des Lebens den Tod selbst belehrt!
   Sei entsühnt jenes Tags!

Der Schrei der Kinder.

Höret Ihr die Kinder weinen, meine Brüder,
 Eh' des Alters Sorge kam?
Ihre Häupter lehnen sie an ihre Mütter,
 Und das will nicht enden ihren Gram.
Junge Lämmer blöcken auf den Matten,
 Junge Vögel zirpen in dem Nest,
Junge Rehe spielen mit den Schatten,
 Junge Blumen blühen hin zum West —
Doch die jungen, jungen Kinder weinen,
 Meine Brüder, bitterlich!
In der Freien Land, indeß' in Hainen
 Froh die Andern tummeln sich.

Fragst die Kinder du in ihren Sorgen:
 Warum fallen Eure Thränen so?
Mag der Alte weinen um sein „Morgen",
 Das verloren ging im „Long Ago"!
Blattlos steht der alte Baum im Walde,
 Und in Frost geht's alte Jahr zur Ruh',

Und am meisten schmerzt die Wunde doch, die alte,
  Und am liebsten haft die alte Hoffnung du:
Doch die jungen Kinder, meine Brüder,
  Fragt ihr sie, warum gebannt
Weinend vor der Brust sie ihrer Mütter
  Stehn in unserm Vaterland?

Und sie schau'n empor mit bleichen Mienen,
  Denen alle Lust entflohn,
Denn des Mannes Qual liegt schon auf ihnen,
  Auf der Kindheit Wangen schon;
„Eure alte Erde," sagen sie, „ist trübe,"
„Unsere jungen Füße," sagen sie, „sind schwach;
Wenige Schritte thaten wir, schon sind wir müde —
  Unsere Grabesruhe ist zu weit und — ach!
Fragt die Alten doch, warum sie weinen,
  Denn die Außenwelt ist kalt,
Und das Grab ist nicht für uns, die Kleinen,
  Nein, für die nur, welche alt."

„Ja," so sagen sie, „es mag geschehen,
  Daß wir sterben vor der Zeit:
Little Alice mußt' im letzten Jahre gehen,
  Wie ein Schneeball liegt ihr Grab bereit.
In die Grube sahn wir, die sie zu bedecken
  — Nirgends Raum in ihrer Enge! — fertig lag.
Von dem Schlaf, den nun sie schläft, wird Keiner wecken
  Sie: ‚Steh', Little Alice, auf, denn es ist Tag.'

Wenn Ihr dort jetzt lauscht beim Sonnenbrennen,
  Und bei Stürmen, nimmermehr sie weint;
Könnten wir sie sehn, nicht würden wir sie kennen,
  Hell das Lächeln ihres Auges scheint:
Ihre Tage fließen froh, und linder
  Glockenton giebt ihnen das Geleit."
„Es ist gut," so sagen sie, die Kinder,
  „Daß wir sterben vor der Zeit."

Ach, die Kinder! Als ihr Glück begehren
  Tod im Leben sie allein, mehr nicht:
Mit des Grabes Schmuck, den sie entbehren,
  Trösten sie ihr Herz, daß es nicht bricht.
Gehet, Kinder, von der Stadt und von den Minen,
  Singet, Kinder, wie die Drosseln thun;
Pflückt die Hände voll von Primeln, und mit ihnen
  Spielend, lacht in heller Freude nun!
Doch sie sagen: „Sind die Primeln auf den Matten
  Gleich dem Unkraut nah' dem Schacht?
Laßt uns still in dunkler Gänge Schatten,
  Fern von Eurer Feste Pracht!"

„Denn," so sagen sie, „wir sind so müde,
  Und verstehn zu spielen nicht;
Lachten Wiesen uns, auf ihnen lübe
  Ab sich unserer Last Gewicht.
Schmerzhaft zittern unsere Knie beim Bücken,
  Und wir fallen beim Versuch zu gehn;

Elisabeth Barrett Browning.

Und so oft wir muthlos niederblicken,
   Rothe Blüthen weiß wie Schnee wir sehn.
Denn den ganzen Tag auf unterird'schen Gleisen
   Schleppen unsere Last wir durch den Schacht;
Oder treiben unaufhörlich Eisen=
   Räder in Fabriken, Tag und Nacht.

Denn den ganzen Tag die Räder rennen;
   Angehaucht von ihres Windes Wehn
Fangen unsere Köpfe an zu brennen,
   Und die Wände um sich selbst sich drehn:
Der in's Fenster blickt, der Himmel, wo wir siechen,
   Und der Strahl, der an der Wand hinglitt,
Und die Fliegen, welche an der Decke kriechen,
   Alles dreht sich unaufhörlich, und wir mit.
Und den ganzen Tag die Räder schwirren,
   Und zuweilen still wir flehn:
‚O ihr Räder' (und die Worte sich verwirren),
   ‚Halt! hört heute auf zu gehn!'"

Ja, seid still! Laßt Mund an Mund sie schmiegen
   Für die Länge eines Augenblicks!
Ihre Hände ineinander liegen
   In der Jugend ihres Glücks!
Laßt sie fühlen, daß dies eisenkalte Schwirren
   Nicht das ganze Leben ist, das Gott verlieh:
Nicht das Leben ihrer Seele sich verwirren,
   Daß, o Räder, unter Euch nur leben sie!

Noch den ganzen Tag die Räder rennen,
Lebenmordend, wie sie um sich drehn;
Und der Kinder Seelen — mag Gott nennen
Sonnig sie! — in Nacht vergehn.

Werdet jetzt Ihr, Brüder, ihnen sagen,
Aufzuschaun zu Ihm mit Flehn;
Und daß Er, der alles Leid getragen,
Auf sie segnend einst wird sehn?
Ihre Antwort: „Wo ist Gott, daß er uns hörte,
Während sie, die Räder, wehen fort?
Unserm Schluchzen gehn vorbei, das sie nicht störte,
Nah die Menschen, hörend nicht ein Wort.
Und wir hören nicht (— die Räder stöhnen —)
Fremde sprechen an dem Thor:
Ist vielleicht es Gott mit Engel-Chören,
Welcher unserm Weinen neigt sein Ohr?"

„Zweier Worte, ja, wir noch gedenken,
Um die traurige Mitternacht:
‚Unser Vater‘, sagen wir; zum Himmel lenken
Wir sie, uns zum Troste, sacht
Andre Worte, außer ‚Unser Vater‘ wir nicht finden,
Und wir glauben, wenn der Engelsang entschwand,
Wird sie Gott zu unserem Schweigen binden,
Und sie halten mit der starken, rechten Hand.
‚Unser Vater!‘ hörte er uns klagen
(Denn sie nennen ihn gut und lind),

Gäbe Antwort er, er würde lächelnd sagen:
„Komm' und ruh' mit mir, mein Kind!"'

„Doch nein," sagen sie, und weinen dreister,
„Er ist sprachlos wie ein Stein:
Und sie sagen uns, sein Bildniß sei der Meister,
Der uns Sklaven nennt und sein.
„Geht!" so sagen sie, — „schaut auf, Ihr Frommen,
Schwarz wie Raben seine Wolken sind.
Höhnt uns nicht; Schmerz hat den Glauben uns genommen;
Wir sehn auf zu Gott, doch thränenblind."
Höret Ihr die Kinder weinend widerlegen,
Meine Brüder, was Ihr lehrt?
Gottes Sein zeigt sich in seinem Segen,
Zweifelnd haben sie sich abgekehrt.

Und wohl mögen vor Euch so sie weinen!
Sie sind müde vor der Frist;
Niemals sehen sie der Sonne Scheinen,
Noch den Ruhm, der heller ist.
Ihnen ist der Männer Schmerz beschieden,
Ohne ihre Weisheit — nur ihr Leid;
Märtyrer sind sie, aber ohne Frieden,
Sklaven, die kein Christenthum befreit;
Alt sind sie: ihrer Erinnerungen Aehren
Reift der Herbst in leichtem Spiele nie —
Waisen, welche aller Lieb' entbehren.
Laßt sie weinen, weinen sie!

Sie schaun auf mit bleichen, hagern Mienen,
   Und ihr Blick ist furchtgebannt:
Denn sie wähnen unter ihren Engeln Euch auch, ihnen,
   Die auf Gott den Blick gewandt.
„Grausame Nation, wie lang," sie fragen,
   „Willst auf eines Kindes Herz du stehn —
Mit besporntem Fuß ersticken seine Klagen,
   Und zu deinem Thron vom Markt du gehn?
Unser Blut spritzt aufwärts, o Gold=Sucher,
   Euer Purpur weist den Weg, wie Blut!
Doch des Kindes Schrei im Schweigen, ein Verflucher
   Ist er, stärker als des Mannes Wuth."

Charles Kingsley.
1819—1875.

Es ist das letzte — und ergreifendste — Gedicht Kingsley's, welches ich hier mittheile. Er schrieb es im Juni 1874 in Tagen der Krankheit zu Colorado, U. S. A.

Ballade.

(Lorraine, Lorraine, Lorrée.)

1.

„Bist du bereit zur Steeple-chase, Lorraine, Lorraine, Lorrée?
Barum, Barum, Barum, Barum, Barum, Barum, Baree.
Du bist gebucht zur Capping-race zu heut' in Coulterlee,
Sollst reiten heute Vindictive, wenn Alle zuschaun sie,
Für mich gewinnen sollst du heut' so glänzend wie noch nie.
Barum, Barum ꝛc.

2.

Die Arme nahm ihr kleines Kind, Lorraine, Lorraine, Lorrée:
„Ich kann nicht reiten Vindictive, wenn Alle zuschaun sie,
Ich will nicht reiten Vindictive, das Kind auf meinem Knie.
Sie warf den Knaben und den Mann, auch mich wird
tödten sie!"

3.

„Und reitest du nicht Vindictive, Lorraine, Lorraine, Lorrée,
Und reitest du nicht Vindictive noch heut' in Coulterlee,
Und nimmst du nicht den Bach und läßt für mich gewinnen sie,
Dann sorge für dein Kind allein, ich helfe dann dir nie."

4.

„Daß Gatten grausam sind," so sprach Lorraine, Lorraine,
Lorrée,
„Drei Jahre weiß ich es und nie vergesse ich sie, nie!
Doch ach! zu reiten Vindictive, das Kind auf meinem Knie
Und dann zu sterben bei dem Bach — wenn Alle zuschaun
sie!" —

5.

Sie meisterte das junge Roß, o ein tapfres Weib war sie!
Sie hielt es fest im Zügel, doch das Ziel gewann sie nie.
Am Graben warf das Thier sie ab und Alle sahen sie,
Doch Keiner, als ihr Kind allein, rief nach Lorraine, Lorrée!

Matthew Arnold.
1822—1888.

Dichter, Theologe und Schulinspektor in einer Person, starb er am 15. April 1888 zu Liverpool ganz plötzlich, von den englischen Blättern betrauert „als einer von Englands reichbegabtesten Söhnen". Einer seiner Aussprüche möge ihn kennzeichnen: „Die obere Klasse in England" — sagte er — „ist materialisirt; die Mittelklasse vulgarisirt; und die niedere Klasse ist brutalisirt." — Mit starker Absichtlichkeit habe ich die beiden folgenden Gedichte als Uebersetzungs-Proben gewählt.

Die Triumphe der Welt.

Zum Tadeln dieser Welt schweigt mein Verstand.
Sie schelten ihn, der leicht auf's Neu' sie fällt;
Nicht aus sich selbst ihr Ruhm der Macht entstand,
Doch aus der Schwachheit Derer, die sie hält.

„Sieh' hin," ruft sie, „so viel entschlafene Wuth,
Sieh, so viel Feuergeist, der ganz entwich;
So vieler Tapferkeit erstorbene Gluth
Nach kurzem Umgang mit mir — fürchte mich!

„Auch du, willst drohend rechten du mit mir,
Halt ein mit deinem lauten Prophezein! —"
Die Welt spricht gut; ihr Feind erwidert ihr:
„Ist schwach der Wille, laß mich stärker sein!

„Hast du so selten Gift? — zu schlagen dich —
Schnell stärke mich! denn sonst erschlägst du mich!"

Selbst-Vertrauen.

Müde meiner selbst und satt zu fragen,
Was ich bin und was ich müßte sein,
Steh' ich auf des Schiffes Bug: es trägt mich
Vorwärts über's Meer beim Sternenschein.

Einen Blick voll glühendem Begehren
Zu den Sternen über's Meer ich send':
„Ihr, die Ihr mich schon als Kind beruhigt,
Tröstet, ach, und stillt mich bis zum End'!

Einmal noch, Ihr Sterne und Ihr Wasser,"
Rief ich, „schenket euren Zauber mir;
Stets, stets laßt mich, wie ich Euch betrachte,
Fühlen: meine Seele wird wie Ihr!"

Von dem klaren, sternbesäten Himmel
In der Nachtluft über's Meer, das wie
Unbeweglich dalag, kam die Antwort:
„Möchtest du wie sie sein? Leb' wie sie."

Durch das Schweigen nicht erschreckt, verwirrt nicht
Durch die Lichter, die sie ringsum sehn,
Wünschen sie nicht, daß auch ohne diese
Ihnen Liebe, Freundschaft, Glück erstehn.

Und in stiller Luft die Sterne glimmen,
Und es rollt die See im Mondenschein,
Denn gleichmäßig leben sie: nicht stört sie
Einer anderen Seele Fieberpein.

An sich selbst gebunden, und unsorgsam,
Wie's um Gottes andere Werke steht,
Gießen alle Kraft in eigenes Thun sie,
Und sie leben mächtig wie Ihr seht."

Luftiger Laut! Ich hörte schon seit Langem
Wie ein Schrei, gleich diesem, in mir schreit:
"Auf! sei du! und wisse, wer sich selber
Findet — seiner Pein wird er befreit."

Algernon Charles Swinburne
geb. 1837.

Es dürfte kaum einen Dichter geben, der an den Uebersetzer solche Anforderungen stellt, wie Swinburne, das Genie der englischen Dichtung dieses Jahrhunderts. Hierin wird der Grund zu suchen sein, weshalb außer zweien seiner Dramen („Atalanta in Calydon" vom Grafen Wickenburg, „Chastelard" von O. Horn) fast nichts den Deutschen zugänglich gemacht wurde, und weshalb in Deutschland ein Jeder zwar den Namen des „poet laureate", kaum Einer aber den Namen Swinburne kennt. Leider hat auch Swinburne das Schicksal des Alters erreicht: aus dem Freund Mazzini's, aus dem Dichter der „Two Nations" ist ein Lobsinger der — Königin Victoria geworden!

Algernon Charles Swinburne.

Genesis.

1.

In jener Welt, die vor der Erde war,
 Die war, bevor noch Art und Raum entstand,
Bevor die Zeit die erste Stund' gebar,
 Eh' Morgen oder Mond die Nacht gekannt;

2.

Ja, eh' noch eine Welt an Licht gedacht,
 Bevor ein Menschen-Athmen nannte Gott,
Bewegte ihre Flügel schwer die Nacht,
 Und sie gebar das Leben und den Tod.

3.

Und die formlose Nacht, die weiter fraß,
 Die Eins und Alles war, doch ohne Frucht,
Gesetz und Grenze; ohne Lieb' und Haß,
 Wo keine Blüthe noch nach Licht gesucht;

4.

Die Dunkelheit, der Zeit ergeben nicht,
  Sie hörte auf! Doch nicht durch Gottes Hand.
Sie theilte sich: Nacht unten, oben Licht,
  Und Feuer, Erde, Wasser, Luft entstand.

5.

Sonnen- und Sternenschein erglänzte scharf,
  In Aehnlichkeit und Form der Stoff zerfiel;
Tod ward: der Schatten, den das Leben warf,
  Und Gott: der Menschenseele Schattenspiel.

6.

Dann zwischen Stoff und Schatten, Licht und Nacht,
  Geburt und Tod, und zwischen Zeit und That,
Der unbegrenzbar-heißen Liebe Schlacht,
  Welche von selbst entsteht, vergeht — weicht, wieder naht;

7.

Der unsterbliche Krieg der Sterblichkeit;
  Arbeit und Leben, Wachsthum, Schlecht und Gut,
Die milden Lieder, die dem Glück geweiht,
  Die Sturmgesänge, welche heischen Blut;

8.

Und die Natur jedweden Dings begann.
  Vor allem in dem Geist (Mensch oder Thier?
Blüthe der Erde oder Himmels Zier?)
  Der Kampf der Gegensätze sich entspann.

Algernon Charles Swinburne.

9.
Eins ist das vielgestaltige Werk der Welt;
Eins die Geburt, und eins des Todes Zoll;
Die leere Luft, das Licht — sichtbar gestellt —,
Das dürre Meer, die Erde, menschenvoll.

10.
Und alles dieses ward dem Menschen kund
Vom Anfang an bis auf die heutige Frist:
Leben und Zeit, sie schreiben nieder, und
Der Tod besiegelt, was der Sinn vergißt.

11.
Denn wäre Tod nicht, wäre Wachsthum nicht,
Noch Wechsel, oder Tugend, oder Qual;
Noch wäre dann die Nacht, noch wäre Licht,
Und süße oder bittere Fluth im Thal.

12.
Denn in jedweden Menschen ward gesät
Der Zwillingsschwestern doppeltes Geschlecht:
Das weiße, das im Morgen fruchtbar steht,
Das schwarze, welches früchtebar und schlecht.

13.
Und ihm, der von der schwarzen Frucht genießt,
Wird der Geschmack so süß wie Honig sein;
Und er, der von den weißen Früchten ißt,
Ihm wird statt Brot nur Kummer, Sorge, Pein.

14.

Und er, der von der süßen Kost begehrt,
    Deß' Name wird zuletzt der Menschen Spott;
Und er, deß' Mund die bittere genährt,
    Ihm folgen sie und preisen ihn als Gott.

15.

Von diesen Zwei'n, dem schwarz und weißen Schlag,
    Kommt Alles, was der Mensch hervorgebracht;
Und noch geht schwanger mit der Nacht der Tag,
    Und noch kreist mit dem Sonnenlicht die Nacht.

16.

Und wer da lebt, ein Mensch in Menschen-Schaar,
    Schwankt zwischen Beiden, ißt von hier und dort;
Und wie ein Mensch er von Geburt an war,
    Wird Mensch er sein, bis ihn der Tod nimmt fort.

„Non dolet!"

Es schmerzt nicht. Lächelnd sah sie auf den Stahl,
Auf dem die dicken Tropfen Bluts geronnen.
Nicht das, was schon der Liebe abgewonnen,
Goß in das süße Herz der Römerin Qual —

Nein, was geschehen mußte ohne Wahl,
Bevor der letzte Streit sich abgesponnen.
Noch war des Friedens Palme nicht gewonnen,
Weil noch in Schmerz versunken ihr Gemahl.

Italien, es schmerzt nicht. Du bist mehr
Als Braut dem Bräutigam. Nimm, wenn sie dir nützt,
Der Liebe Gabe, für dich blutbespritzt.

Gabst nicht dein Blut für uns zuerst du her?
Und lindert Herzblut wirklich deine Noth —
Wie sollte schmerzen es! — Nur dir nicht Tod!

Kinder.

Der Himmel ist ihnen geblieben.
Kein Ruhm, der jemals ersehnt,
Von dem Kronensterne der Sieben,
    Der der Nordwelt Stirne gekrönt;

Kein Wort, das jemals gedrungen
    Aus mensch= oder göttlichem Mund,
Hat je so gottgleich geklungen,
    Seit menschliches Wort ward kund;

Kein Zeichen, das Gläubigen sich neigte
    Ober treulosen Augen, war
Wie dies, das in Wolken sich zeigte,
    Ein Paradies, so klar.

Die Erde mag siebenzig mal sieben
    Bekenntnisse frevelnd entweihn —
Wenn ihnen ein Reich geblieben,
    Dann muß der Himmel es sein!

An der Nordsee.

Ein Land, einsamer als Trümmer;
　Ein Meer, welches stärker als Tod;
Rings Felder — kein Rosenschimmer,
　Einöden — kein Windhauch bort droht;
Einöden, die endlos und prachtlos,
　Marschblüthen nur, fruchtlos und leer;
Wo die Erde erschöpft liegt wie machtlos
　Zum Kampf mit dem Meer.

Weit flattert der Zug der Schwalben,
　Weit flattert das Gras und bezieht
Mit Geweben die Höhlen, mit falben,
　Gleich der Wolke, die drüber flieht;
So dicht, wie der Hexe Gespinnste
　Um das Herz eines Sünders, der fiel,
Dessen Jugend und einstige Gewinnste
　Dem Wind nun ein Spiel.

Die Weiden sind heerblos und schaflos,
　Nicht Schutz ober Weide dem Vieh:
Der Wind ist eisig und schlaflos,
　Die Vögel — wie sanglos auch sie;
Ihre Schreie — wie klanglos die herben!
　Hell blitzen die Schwingen wie Schnee;
Denn das Land hat zwei Herrn, die nie sterben:
　Den Tod und die See.

Diese zwei, ein Kind und ein König,
　Halten Zwiesprach trüb miteinand':
Ihre Wasser sind scheu und lehmig,
　Und bedeckt mit dem Staube vom Land:
Seine Kleider sind grau, wie das bleiche
　Gewölbe bei sinkendem Schein;
Ihr gehört seine Macht, seine reiche,
　Und ihre ist sein.

Ihre Freude der Stolz seiner Macht ist,
　Ihr Ruhm ihn mit Wonne erfüllt:
Seine Stimme der Ton ihrer Nacht ist,
　In ihm ist sie ruhig und wild:
„Wenn, o Tod, du mich schlägst, wirst du leben?
　Mich erfüllt deine Liebe von je."
„"Was du mir gibst, soll dir ich nicht geben,
　O Schwester, o See?""

Algernon Charles Swinburne.

Und Jahr auf Jahr dämmert Leben,
Und Alter auf Alter sinkt todt;
Seine Hand wird nicht müde zu geben,
Ihres Herzens Durst nie verloht:
Und der Hunger, der klagt in ihr Lieben,
Und die Wuth ihres Hungers, die schreit
Wie ein Wolf, den der Winter vertrieben,
Ruft flehend noch heut'.

Des Granits kann ihr Wall wohl entrathen,
Keine Festung beschützt ihren Stand;
Doch was sind der Blutigsten Thaten,
Gegen ihre Bänke von Sand! —:
Wer zählt, die als Todte gelandet?
Denn das Schiff hat die Rettung verspielt,
Dessen Kiel an den Bänken gestrandet,
Wo die See ihn bespült.

Kein Schutz um zu stehn, um zu tauchen
Aus dem Dunkel herauf nicht ein Pfad,
Aus den Wassern, die wälzen und fauchen,
Mit der Sonne zu sinken kein Rath,
Als Schutz vor dem Wind, der dahinflieht,
Wo kaum von den Wogen befreit,
In den Gräbern, da Gras nun sich hinzieht,
Der Tod liegt breit.

Eine zahllose Menge von Nummern,
　Wie ein Haufe von Unkraut und Tang:
Und tiefer als Schlaf ist ihr Schlummern,
　Und zarter ihr Schlaf als Gesang;
Und süßer als Alles ihr Sinnen,
　Und stärker, wenn je es geschieht,
Daß gefahrlos die Wellen zerrinnen,
　Der Wind hinflieht.

Daß der Wasser Geheul, welche brausen,
　Unschuldig wie Heerdengeschrei,
Und der Winde Flügel, die sausen,
　Kraftlos, wie ein Vogelflug, sei;
Wie der Möve Rufe verhallen,
　Die zurück ihm schreit, wenn er ruft,
Wenn die Tage steigen und fallen
　Hin über die Gruft.

Wie die Seelen der Unverbrannten,
　Von begangener Sünde entsühnt,
Voll Leben, wie's Menschen nie kannten,
　Und Lust, wie die Woge im Wind,
Und Lust, wie der Wind in den Wogen,
　Ziehn Vögel verlachend voll Muth
Das Fleisch, auf die Bänke gezogen,
　Wie Wracks auf der Fluth.

Algernon Charles Swinburne.

Wenn die Wege der Sonne verglimmen
   Fliehn Flügel blitzgleich durch die Nacht;
Wie die Wolken am Himmel schwimmen,
   Der Vogel im Friedhof erwacht;
Wie die Wolke erbleicht vor den Schwingen,
   Wenn am Morgen der Hahnenschrei gellt,
Werden Gräber, wo Weisen erklingen,
   Dem Vogel erhellt.

Wie die zahllosen Wogen des Brandes,
   Die der Wind nicht zu zählen vermag,
Sind die Söhne und Töchter des Landes
   Gelullt hier vom fluthenden Schlag:
In ihrem Gewühl hier, wir wissen
   Nicht, was als das Wahrste erkannt:
Ob hinaus auf die Fluthen gerissen,
   Ob ankernd am Land.

In dem Thal, das Entscheidung er nannte,
   Gedrängter nicht konnten sie stehn,
Als die Seele des Sehers entbrannte:
   Sah Völker verurtheilt vergehn;
Sah Dunkel, in Pracht dort die Richter,
   Das Schwert und den Stab: doch der Tod,
Ein milderes Urtheil hier spricht er,
   Und gütiger der Gott.

Und gütiger der Wind an den trüben
 Seedämmen von Wogen bespült,
Selbst müde, spricht Frieden dem Müden
 Auf Hügeln von Fluth unterwühlt;
Und süßer als Alles auf Erden
 Bleibt ihr Schlummer versiegelt von je,
Bis die schirmenden Gräber einst werden
 Gesprengt von der See.

Algernon Charles Swinburne.

Eine Ballade vom Traumland.

Ich versteckte mein Herz in ein Nest von Rosen,
    Seitab von dem Weg, wo die Sonne spielt;
Im weicheren Bett, als im Schnee, dem losen,
    Unter Rosen versteckt mein Herz ich hielt.
    Warum es nicht schlief? Was sollte es schlagen,
Da kein Blatt sich regte am Rosengerank?
    Was zerschnitt seine Schwingen, die schlafend lagen?
Nur eines verborgenen Vogels Gesang.

Lieg' still, so sprach ich, der Wind ist entschlafen,
    Vor dem Sonnenpfeil decken die Blätter dich zu;
Lieg' still, denn es schlummert der Wind auch im Hafen,
    Und der Wind ist ruhloser noch als du.
    Durchbohrt noch dein Herz der Stachel des Kummers?
Hält dich in den Fängen die Hoffnung noch bang?
    Was öffnet die Lider noch deines Schlummers?
Nur eines verborgenen Vogels Gesang.

Der Name des Eilands, in welchem verschlossen
  Ein Zauber, ihn hat noch kein Wandrer genannt,
Und süß, wie die Früchte am Stamme dort sprossen,
  Kein Käufer sie je auf dem Markte noch fand.
    Die Schwalben des Traumes sein Dunkel durchschnellen,
In den Gipfeln erstirbt jeder lautere Klang;
  Nicht schreckt dort den Hirsch des Jagdhundes Bellen,
Nur eines verborgenen Vogels Gesang.

In der Welt der Träume — ich habe gewählt! —
  Einen Sommer des Schlummers. Dort trifft mich kein Klang,
Ob Wahrheit, ob Lüge die Liebe erzählt:
  Nur eines verborgenen Vogels Gesang.

Joaquin Miller.
(Cincinnatus Heine Miller.)
Geb. 1841.

„Ein Phantasiestück, dem an Macht und Pracht und leidenschaftlicher Bewegung kaum ein zweites amerikanisches Gedicht nahe kommt..." So spricht Johannes Scherr in seiner „Geschichte der englischen Literatur" über „Arizonian". Ich habe der Uebersetzung die Revised Edition der „Songs of the Sierras and Sunlands," London, 1878, zu Grunde gelegt, welche sowohl im Titel (Arizonian statt Arazonian) wie auch im Inhalt dieses Gedichtes sich von den früheren Ausgaben von 1871 und 1872 nicht unwesentlich unterscheidet.

Während der Drucklegung meiner Uebersetzungen geht mir von „jenseits der Wasser" aus Baltimore eine dort bereits im Jahre 1874 erschienene Uebertragung von Joaquin Miller's „Arizonian" durch Eduard Leyh zu. Ich habe dieselbe nach genauer Durchsicht indessen, trotz mancher gelungenen Stelle, so voller Prosaismen und Dilettantismen gefunden, daß ich mich nicht veranlaßt fühle, mit der meinigen zurückzuhalten.

Arizonian.

„Und ich hab' es gesagt und sage es immer,
Wie die Jahre gehn und die Welt geht weiter:
's ist besser zufrieden zu sein und heiter,
Seinen Klee zu pflanzen, — sein Vieh zu hegen,
Seine Kühe zu ziehn und sein Korn zu bauen,
Denn als Mann zu jagen nach Ruhmesschimmer;
Sei stets wie das Vieh im Kleefeld zu schauen;
Das liegt behaglich, sein Ruhen ist Lust,
Und die Tage sind ihnen, ob Sonne, ob Regen,
Zum Ruhen, zum Weiden, zum Niederlegen.
Doch wir wünschen und bitten und sehnen vergebens,
Und hoffen zu schwimmen auf der Woge der Lust,
Und hoffen zu ruhen im Hafen des Lebens
Bis das Herz erkrankt und in Hoffnung todt.
Ja, besser wie Vieh im Kleefeld roth!
Sei stets, wie das Thier in dem Blüthenheer,
Stets wie die Blüthen, eh' verflogen ihr Duft,
Geküßt von dem Vieh und den braunen Bienen. —
Sie haben die Sonne, den Mond und die Luft,
Und niemals ist ihnen die Sorge erschienen;

Und mit all' unsern Sorgen, was haben wir mehr?
Zufriedenheit will ich, sonst kann mir nichts nützen,
Ich will sie erwerben, gewinnen, besitzen,
Und nie geb' ich hin ihren schimmernden Strand
Für Ruhm oder Gold, oder dergleichen Tand."

Er sagte es, als mit dem Squire er stand
An des Flusses Rand in den Feldern von Klee,
Der Fluß zog unten, und hoch in der Höh'
Die Wolken, die Ränder in Gluthen entbrannt.
Und es setzte der Squire sich, freundlich gesonnen,
Die Geschichte zu hören, dem Gast zu Begehr;
Denn sein Gast hatte Geld, und er war besonnen,
Und klug von Sitte; und, was weit mehr,
Er hatte am Morgen sein Vieh gepriesen,
Der Heerde Reichthum, die Güte der Wiesen,
Und so hatte den Squire er zum Freund sich gewonnen.

Seine Stirn war gebräunt von der Sonne Flammen,
Von der schrecklichen Hand der Zeit gestreift,
Sein dunkler Vollbart leise gereift,
Wie Seide und Silber gewebt zusammen.
An den Händen trug Reifen von Gold er, an jeder,
Und über die Brust hin, massiv und dicht,
An Ketten und Bändern, wie Gürtel von Leder.
Und die Spangen von Gold erstrahlten im Licht,
Doch heller als Gold noch blitzte der Schein
Seiner dunklen Augen aus dem trüben Gesicht,

Heller, als der herrliche Santan=Stein,
Heller sogar, als Kugeln von Feuer,
Als nun er erglühend begann zu dem Squire: —

„Die Pinien zu Häupten, den Fluß zu den Füßen,
Die Hütte beschattet vom Palmendach,
Zwielicht im Thale, so tief — es lag,
Wie konnte es anders? im Frieden, im süßen; —
Zwielicht im Thal — man sah es sich theilen,
Es war wie gespalten von Donnerkeilen.
Und Dies in dem Land, wo die Sonne verrinnt,
Und Gold sich verbirgt in Fluth und in Schaum,
Und die Mädchen so braun, wie der Kokos sind,
Und wo Liebe das Leben, und die Liebe ein Traum;
Wo die Winde kommen vom fernen Cathay
Mit des Balsams würzigem Duft von der Bay,
Und ein ewiger Sommer bei den Menschen verweilt.
Nicht kommt mit dem Juni herbei er geeilt,
Es kommt nicht zu spät, nicht zu früh seine Pracht
Zu dem Lande der Sonne und der Sommernacht."

„Sie stand in dem Schatten, als die Sonne sank,
Und flocht mit den braunen Fingern ihr Haar,
Wie der Maisblüthe Seide, so lang es war —
Sie stand und sah zu, wie ich wog das Gold,
Wir wuschen tagsüber, wo der Fluß sich tollt;
Auf die Lippe verächtlicher Stolz sich schwang,
Als sie sagte: „Ist besser und schöner sie,

Als ich? — die Blonde, dort drüben im Land,
Wo die Sonne sich hinter dem Meer birgt — wie?
Daß das Gold du gräbst, bis die Zeit Dir entschwand,
Und für sie es birgst und es sammelst besorgt,
Wie sich Tannenzapfen das Eichhorn borgt?"'

„Nun, das Gold wog gut, doch war sein Gewicht
Für uns Beide für später genügend noch nicht.
So war ich geärgert, und runzelnd die Brau'n
Sprach ich: ‚Sie ist schöner! und kommt Leib auch auf Leib,
Ich liebte zuerst sie, sie lieb' ich zuletzt.'
Ihr Auge war schwarz, ihre Haut war braun,
Doch die Lippe ward blaß, und ihr Auge jetzt,
Es sprühte, als so ich sprach: und der Streit
Der Worte schwoll höher und höh'r, bis der Klang
An den Felsen schallend die Wipfel durchdrang!
Und droben am Riff in den Himmeln zu glühen,
Wie vom Feuer erfaßt, schien der Wolkenhang: —
Ihrer herrlichen Augen Blitzen und Sprühen."

„Sie ging von der Thür und zum Flusse nieder,
Und besah sich im Spiegel der launischen Fluth;
Dann warf rückwärts ihr Haar sie, wie den Köcher mit Pfeilen
Der Indianer schnell von der Seite sich reißt,
Daß frei seine Hände, zur Schlacht zu eilen,
Und über die Schulter sich wirft, und wieder
Sah sie sich und bebte wie Espenlaub bange.
Da glitt in den Fluß eine mächtige Schlange,

Gleißend und grün, mit Augen voll Gluth;
Einen Felsblock ergriff sie mit ballender Hand
Und warf ihn mit leidenschaftlicher Wuth,
Als den Kopf sie erhob und rückwärts gewandt
Schnell züngelnd, wie hitziges Wünschen gleißt,
Sich ringelnd und höher und höher sich reckend,
Sich krümmte, so schön, wie das Moos am Rand;
Dann wandte getroffen sie sich, und sich streckend
Zum Knäuel, rothzüngig, wie Feuer leckend,
Sank sie zusammen, und das Wasser erklang,
Als sie weiter dann glitt, behende und schlank."

„Ich lag in der Matte: die Luft war schwer
Und drohend heiß; der Himmel sogar
Hielt an den Athem; ein Bienenheer
Umschwärmte mein Strohdach; eine Vogelschaar
Zog wolkengleich nach den Felsen in Hast,
Als ich niederstieg, um zu schauen nach ihr.
Sie stand wie ein Bronzebild oben am Fluß,
Die Augen voll Feuer, von Zorn erfaßt —
Als die Himmel, die Dämme, brachen im Guß.
Dann, eh' noch sie warnend zu rufen, mir
Die Zeit ward: ein Windstoß und Donnergeroll
Und betäubendes Tosen plötzlich erscholl,
Und Finsterniß — finster dem Blinden! — brach ein,
Und sank, und ich schrie: ‚Komm herein! komm herein!
Unter Dach! Komm herauf von des Flusses Rand,
Wie herauf aus dem Grabe — komm jetzt, oder nimmer!'

Die Wipfel hingen wie Trauergewand,
Und schwankten wie Rohr am Meeresstrand,
Und die Welt schien in Dunkel erstorben für immer."

„Einmal in der Nacht, als der Wind sich gedreht,
Und ein strahlender Blitz glitt über die Fluth,
Glaubt' ich sie zu sehn mit erhobenen Händen —
Es schien mir nur so, wie im Traume man sieht —
Die Lippen geschlossen, das Auge erglüht,
Und die Fluth an der Brust, an der Stirne das Blut;
Als die Fluth, wie das Spinnrad den Flachs, nun ihr Haar
Ergriff, und sie hinriß mit Schwanken und Wenden,
Da lachte sie, und, wie ein Roß hinsetzt,
Enteilte wildlachend sie weit, wie gehetzt.
Glaubt nicht, ich erzähle, daß wirklich dies war —
Gesehn war's, wie Grauses im Traume Ihr seht;
Doch warum sich als Blitz der Teufel beflissen
In solch' einer Nacht, ich möchte es wissen!"

„Und dann schlief ich, und träumte, und im Traume ich sah
Gewaltige Schlangen mit feurigen Zungen,
Und von Tod durch Ertrinken, und was dann geschah —
Von dem Tag des Gerichts, und es schien mir, daß sie,
Die Heidin, ward höher gestellt als ich,
Höher als ich; daß ich hielt sie umschlungen,
Und sie fassend kämpfte, und kämpfend schrie,
Und schreiend erwachte, und alles wich."

„Breit lag auf dem Flusse der Sonne Gesprüh,
Und es zirpte ein Heimchen in dem offenen Thor,
Doch darüber am Felsen der Adler schrie,
Schrie, wie er niemals geschrieen zuvor.
Ich lief zu dem Flusse: seine Woge schlich
Wie ein Dieb und obenauf schleppte mit sich
Sie Unkraut und Gräser und warmfeuchten Sand;
Und ich stürzte dahin mit erhobener Hand,
Und rief, wie ich winkte, und winkte, wie ich rann,
Und lief bis ich langte im Thale an,
Wo die Wasser lagen, zusammengezogen,
In die Biegung gekrümmt, wie des Mondes Bogen."

„Hier in der Brandung, wo die Wasser brausten,
Und die Woge sich hob und die Winde sausten
Und die Wellen wuthschäumend warfen an's Land,
Lag sie mit der Woge auf dem warmweißen Sand.
Mit der treibenden Fluth trieb ihr langes Haar,
Und hob ihre Hand oder zog sie hinab,
Und die Woge sang Lieder im zerknickten Rohr,
Oder schwieg voll Mitleid, und wenn stille sie war,
Warf Goldsand sie hin, wie über ihr Grab.
Und so, wie ihr weidend Euer Vieh dort seht,
Wie es ruheathmend im Wiesengras steht,
So stieg bis zur Brust in die Woge ich dann,
Und hob sie erbleichend im Wasser empor,
Und wähnte, wie sich ihre Starrheit verlor,
Ihre Hand sich erhob und die meine umspann."

„Nun hört — ich sag' Euch, ich schrie: ‚Komm herein!
Komm herein in das Haus, komm herauf von dem Fluß,
Komm herauf aus dem Sturm, komm herauf aus dem Guß!"
Und ich schrie, und rief in das Tosen hinein,
Ich war in Verzweiflung, doch ich ging nicht fort,
Ich bat sie mahnend, zu hüten sich
Vor dem Fluß, und warnte sie, Wort für Wort:
Doch sie wußte so gut es, und besser als ich;
Denn einst in der Wüste von Neu=Mexiko,
Als wie rasend ich grub an dem Platze, wo
— Man erzählt es sich — die Apachen schießen
Mit Kugeln von Gold ihre Büffelriesen,
Und sie treulich mir folgte an meiner Seit',
Und ich nieder mich warf in den rauhheißen Sand
Gänzlich verhungert, zum Sterben bereit,
Und ein Fleck am rothheißen Himmel erschien, —
Ein Fleck, nicht größer wie Frauenhand —
Da sah ich sie, über mich neigend sich, knie'n
An meiner Seite, vor der Gluth mich schützend
Und ängstlich besorgt mein Antlitz bespritzend
Mit dem Wasser, das im Fell bis jetzt sie geborgen,
(Ich hatte geleert mein's in der Hitze am Morgen.)
Dann murrte der Donner weit über das Feld,
Ein gefesselter Riese, in Schmerzen ein Thier,
Und sie sprang empor, gab ein Warnzeichen mir
Und wies auf das brennende Himmelszelt.
Ich war zu schwach, um dem Tod zu entrinnen,
Doch sie kannte die Lage, und ihr eiserner Wille,

Mit dem Herzen, das wahr, wie der Nordstern, war,
Hob auf mich und schleppte zum Hügel mich fort,
Wo die wildesten Thiere in friedlicher Schaar
Von der Ebene und fern her geflüchtet, standen.
Mit erhobenen Köpfen, so standen sie dort,
Und mit zitternden Lippen in vollkommenster Stille;
Und bevor sie noch Zeit, um Luft zu gewinnen,
Begannen die kochenden Wasser zu rinnen
Von Hügel zu Hügel in krachendem Branden,
Von Hügel zu Hügel tosend und brüllend —
Indessen Gluthpfeile die Sonne schoß, und
Weithin kein Wolkenschild, ihnen zu wehren —
Und das Thal erfüllend, wie Ihr etwa füllend
Ein Weinglas zu trinken in hastigem Begehren
Am Rand, der geküßt von geliebtem Mund."

„Ihr seht, sie wußte es — völlig gut.
So gut, Sir, als ich es erzählen kann,
Daß die Berge entsenden würden die Fluth,
Alles verschlingend, wie ein Orkan,
Als das Feuer geflammt und der Donner begann.
Daher ist es falsch, und unbillig dabei,
Eine mystische Motte mit braunen Schwingen
Oder Fledermaus sollte noch immerfort,
Mit den luftigen Flügeln mein Angesicht streifend,
Ueberall hin mir folgen, und nach mir bringen,
Flatternd, mich jagend, oder vor mir schweifend,
Trübschimmernd an jeglichem hellen Ort

Die großen Augen und das braune Gesicht,
Noch tausendmal schlimmer als wenn zornig sie sei."

„Ich häufte das Gold, und barg's in der Erde,
Und über der Thür und unter dem Herde:
Gehäuft für ein Mädchen in der Zeiten Gang
Von mir, den gebräunt nun der Sonne Macht;
Und ich sprach zu mir selbst, wenn zum Osten ich fort
Mein Auge gewandt von dem traurigen Ort:
‚Sie flocht ihre Locken, und durch ihre Thränen
Sah fort sie nach Westen, die Jahre lang,
Die ich mich gequält in dem sengenden Licht;
Hat gewartet am Tag, hat gewacht in der Nacht,
Daß ich kommen sollte, gewartet lang,
Mit gesenkter Stirn, allein und in Sehnen
Und die Schiffe gehn aus, und die Wasser rinnen,
Sie vergißt zu nähen und mag nicht mehr spinnen.
Sie soll heben ihr Haupt, den Geliebten sehn,
Seine Stimme hören wie rauschende See,
Soll halten sein Gold in den Händen von Schnee,
An seiner Brust ihr Erröthen ersticken,
Und nie soll ein Leid ihr Herz mehr erblicken,
So lange die Wolken hoch über ihr gehn.'"

„Auf der Schwinge der Nacht stand sie mit dem Krug
An dem alten Brunnen: und oh! — schön genug!
‚Ich bin müde nun,' sprach ich, ‚doch reicher auch,'
Und ich hob meine Hand zum Bart und zum Haar;

‚Bin verbrannt, bin gebräunt von des Meeres Hauch,
Mein Bart wird weiß, ich bin kahl — mag es sein;
Denn auf all' solche Dinge wird sie doch nicht sehn?'
Da ging sie; und ich sprach: ‚Wie wunderbar schön!'
Sie sah nach Westen mit erhobenem Arm;
‚Sie sieht nach ihrem Geliebten, nach mir —'
Ich sprach's zu mir selbst, doch mein Herz klopfte warm,
Und näher trat ich zum Brunnenstein,
Wie zu einem Freund; denn gar lang es schon war,
Daß das Wort ward verpfändet zwischen mir und ihr."

„Wie jung sie war und wie schön sie war!
Wie die Palme so schlank, wie die Perle so rein,
Als die Nacht sank herab auf ihr herrliches Haar!
Dann ward tiefer die Nacht, und mein Auge trüb,
Und zu schwanken begann eine trübe Gestalt
Vor meinem Gesicht, flog weiter, und blieb
Dann stehen, die Hände erhoben, gebeugt
Ihr Antlitz zu meinem; und ihr Antlitz war braun.
Warum kam sie da mir in's Auge zu schaun,
Mit der Erde im Antlitz, die Haare noch feucht,
Und in ihrem Blick einen mystischen Schein?
Ich hatte sie zweimal gewarnt: ‚Komm herein!
Komm herein zu der Ruhe aus des Sturmes Gewalt!'
Seht, das ist der Grund, worüber ich klage,
Weil ich immer und immer ihr Angesicht seh,
Gesicht an Gesicht, mit den Augen voll Weh.
Ich sprach dann zu mir selbst, und wieder ich sage,

Widersprecht und leugne es, wer da mag,
Ich werde es wieder zu sagen nicht ruhn,
Ja, will immer es sagen, denn ich weiß, es ist wahr,
Daß ich alles that, was ein Mensch konnte thun,
Zu retten das stürmische Kind der Sonne,
Jenes Bronzebild mit der Seele voll Gluth,
Seiner heißen Liebe, seiner stolzen Wuth —
Jenes Kind, von so festem, eisernem Schlag,
Wie die Tula so schlank, so rein wie die Nonne —
Und alles von Allem, was durch mich geschehn,
Wie es oft geschieht, doch vergeblich nur war."

„‚Sie ist wunderbar jung und ist wundervoll schön —‘
Ich sagte es wieder, und mein Herz wurde kühn,
Und trieb mich und trieb mich näher zu gehn.
‚'s ist das goldene Haar, das so oft ich geplagt,
Die herrliche Fluth, — o ihr duftiges Haar! —
Und die staunenden Augen, so mild und so klar,
Die ich küßte, bis der Kopf mir zu schwimmen schien,
Und die zarte Biegung am Grübchenkinn,
Und die schwellenden Lippen und die Perlen darin,
Es ist alles dasselbe, doch so jung, so schön!'
Mein Herz schlug heftig, bald schnell, bald verzagt,
Wie ein Kind, welches läuft, dann steht, dann weilt.
‚Wie wundervoll jung!‘ Ich erhob meine Hand
Und zählt' an den Fingern die Jahre, dahin
Mir geflohn in dem Land, wo die Sonne enteilt.

Vier volle Hände und ein Finger darüber!
‚Sie kennt mich nicht, ihren trägen Geliebten,'
Ich sprach's zu mir selbst, denn sie kehrte sich ab,
Als noch näher ich trat', die Augen gewandt,
Ganz beschämt und erröthend über und über;
‚Sie kennt mich nicht, ihren verlornen Geliebten,
Denn mein Bart ist so lang, meine Haut ist so braun,
Für 'nen Andern hielt ich wohl selber mich, traun.'
Dann erhob meine Stirn ich und sagte laut:
‚Annette, mein Liebling! Annette Macleod!"
Sie sprang auf, sie sah um sich, sie blieb stehen betroffen,
Sie stand ganz verwundert, die Augen weit offen,
Sie sprang in Schrecken den Abhang hinab,
Und schrie, als sie floh: ‚Der Mann ist verrückt,
Und er nennt meiner Mutter Mädchennamen!'"

„Von der Szene hinweg, die die Brust mir bedrückt,
Von der Insel hinweg, die die Meere umwallen,
Von dem Vieh und dem Klee und diesem Allen,
Zu den wilden Sierren will ich richten die Stirn.
Ich will Matten flechten im Sturme mir,
Den Grizzly jagen, im Kampf wieder stehn.
Von den Krankheiten heilen, die über mich kamen,
Soll in wilder Ruhe mein müdes Hirn."

„Laß weiter und weiter die Welt nur gehn,
Und sich schütteln und werfen, wie in Schmerzen ein Thier,
Krachen und beben, und stürzen darnieder

Und sterben, und nimmer erheben sich wieder;
Laß ihre Gipfel den Himmel durchstoßen,
In der Sonne Gesicht ihre Meere tosen —
Ich habe nicht einen, der mich liebt, nicht einen,
In der Welt, so voll, als die Welt kann halten;
So will, wie ich erst that, Gold sammeln zu Haufen,
Und will's, einen Sarg voll füllend, vereinen,
Um vom Tod mir Zufriedenheit dafür zu kaufen,
Wenn zum Sterben sich einst meine Hände falten."

„Da ist nichts unter Allem, sei es Mensch oder Thier,
Sei's Mädchenliebe, sei am Menschen es Lust,
Sei's Männerfluch, sei's Frauenzier,
Um das ich noch sorge, um das meine Brust
Lieb' tauscht noch für Liebe, oder Haß noch für Haß,
Fluch noch für Fluch, oder Kuß noch für Kuß,
Seit das Leben nicht Gift mehr hat noch Genuß
Für den, der das Schicksal gesehen, gleich mir;
Denn ich reckte, erhebend mich hoch, und aß
Von dem Baum der Verheißung, und pflückte von allen.
Und aß — aß Asche, und Myrrhen, und Gallen.
Geh' hin, zu den Feldern von Klee gehe hin,
Zu der Wiesenpracht gehe hin mit dem Vieh,
Und denke, und sorge, und mühe dich nie
Für Weib, oder Mann, noch den Nächsten, noch dich;
Ich hab' es gethan, und was habe ich?
Gab all' meine Jugend, mein Mühen, mein Leben,
Eine Liebe, so warm, wie die Welt ist kalt,

Für 'ne schimmernde trügende Liebe dahin.
Hab' Jugend und Liebe für Gold gegeben,
Gebend und nehmend, und nun — bin ich alt!"

„Hoch hängen zu Häupten die müden Sterne,
Laß das Licht der Seele bringen hinauf,
Pflücke Gold, wie du pflückst am Weg eine Blüthe:
Meine Hände sind blutig und ich bin alt;
Da ist nichts, was noch Leidenschaft weckte auf
In Leib oder Seele, noch Lust im Gemüthe,
Weder Ruhm oder Glück in der Weltenferne,
Oder Liebe im Herzen, sei's in welcher Gestalt."

„So klimmt nun die Sonne hinauf und dahin,
Wie die Tage kommen, und die Zeit entflieht,
Und der Mond scheint bleich auf das Lager her,
Bis so dünn und so hell er wird wie Zinn;
Doch die Wege sind dunkel, und die Tage sind schwer,
Und die Träume der Jugend sind Staub nur dem Alten,
Und das Herz wird hart, und die Hände müd',
Um das Erbe zu nehmen, emporgehalten."

„So hab' ich gesagt, und ich sage es immer,
Und kann es beweisen wieder und wieder,
Daß die Vierfüßler dort in dem rothen Klee,
Die gehörnten und bunten dort auf dem Feld,
Die ruhen, die weiden, und sich legen wieder,
Und sorgen und mühen und denken nimmer,

Nicht kaufen, nicht bauen, noch Gold sammeln je,
Wie die Tage gehen und die Zeiten kehren,
Haben's tausendmal besser, als wir auf der Welt!
Denn was ist Alles, wie wir uns verzehren,
Als ein Quälen der Seele und ein eitles Begehren?"

Henry Kendall.

„Poems and Songs." Sydney, 1862.

Das folgende Gedicht ist einer Anthologie entnommen: Sea Music, an Anthology of Poems and Passages descriptive of the Sea, edited by Mrs. William Sharp, London 1887, S. 153.

Ich habe über den Verfasser, in dessen Gedichten sich die geheimnißvolle Schwermuth einer leidenden Seele wiederspiegelt, nichts erfahren können.

Von „Coogee" (Australien).

Sing' den Sang von Coogee-Eiland — Coogee, welches fernab träumt
Mit den Zacken, mit den Spitzen, Riffen, Brüchen lichtumsäumt!
Nest des Regenpfeifer und der Weihen, die mit trübem Schrein
Selbst dem schwermüthigen Winde tiefere, trübere Töne leihn.

Da, o Brüder, in den Spalten, tief, zerklüftet, fahl sie sind,
Wächst die Blüthe, die erröthet wie ein schaubernd blindes Kind;
Zwischen schlammigen Landeszungen manche Felsen-Rebe läuft,
Grünend an den erbigen Riffen, vom Dezemberlicht beträuft.

Oft, wenn sich ein früher Morgen aus den Wasserweiten hebt,
Kalt und grau und fremd, und Nebel wolkig vor der Ferne schwebt;
Stützend eine dunkle Bürde, die zu sinken bald beginnt,
Schwindend in den frühen Schatten, während trüb ein Regen rinnt,

Suche ich ein östlich Fenster, um der Brandung Schlag zu
sehn
An den festen Felsen Coogee's, wo die Schauer niedergehn;
Lauschend, wie das hohle Rauschen trüb ein ernstes Ufer streift,
Während fluthentblößt die Höhler und der Sturm ihr Herz
ergreift.